Kafan Odhe Shabd

मन की राख से उठी आवाज

Ravi kumar jangid

BookLeaf Publishing
India | USA | UK

Made with ❤ on the BookLeaf Publishing Platform
www.bookleafpub.in
www.bookleafpub.com

Dedication

"उन शब्दों के नाम,
जो मर नहीं पाए...
बस कफ़न ओढ़कर जीते रहे।"

Preface

मैं लिखता हूँ उन बातों को जो
मेरे दिल के अंधेरे कोने में आहट-सी देती हैं।
मैं लिखता हूँ उन बातों को जो
दुख के सुभर सागर में मुस्कराहट-सी देती हैं।
मैं लिखता हूँ उन बातों को जो
मेरे अन्तर्मन कि दीवारों पर सरसराहट-सी देती हैं।
मैं लिखता हूँ उन बातों को जो
कांटों के जंगल में भिनभिनाहट-सी देती हैं।
मैं लिखता हूँ उन बातों को जो
बेजान पड़े नीड़ो में फड़फड़ाहट-सी देती हैं।
मै लिखता हूँ उन बातों को जो
सूखे पड़े खेतों में कड़कड़ाहट-सी देती हैं।

Acknowledgements

आभार

यह पुस्तक केवल मेरे शब्दों का संग्रह नहीं है,
यह उन सभी भावनाओं का परिणाम है
जो समय, परिस्थितियों और खामोशियों ने मुझे सिखाईं।
मैं उन सभी लोगों का हृदय से आभारी हूँ,
जिन्होंने प्रत्यक्ष या अप्रत्यक्ष रूप से
मेरे जीवन को छुआ –
कभी प्रेम बनकर,
कभी पीड़ा बनकर,
कभी प्रश्न बनकर।
मैं अपने परिवार का धन्यवाद करता हूँ,
जिनकी छाया ने मुझे सहन करना सिखाया
और खड़े रहना भी।
उन दोस्तों और अनजाने चेहरों का भी आभार,
जिन्होंने शायद अनजाने में ही
मेरे भीतर शब्दों का जन्म दिया।
और अंत में –
मैं स्वयं का भी आभारी हूँ,
कि हर टूटन के बाद भी
मैंने महसूस करना नहीं छोड़ा
और लिखना जारी रखा।
– लेखक

1. उठ खड़ा हो

हताश बैठा, उदास बैठा,
क्यों तू आज निराश बैठा?
उठ, कमर कस–
देख तेरे सामने मैदान पड़ा है,
बिना लड़े हारना क्यों?
देख, तेरे सामने संग्राम खड़ा है।

थककर गिर पड़ा है तू,
किस्मत से फिर भी अड़ा है तू,
सिर्फ़ तू ही जानता है
कितनी बार लड़ा है तू।

हाथों को बंद कर, तू मुठ्ठी बना,
अंगद सा पैर गड़ा, और मिट्टी उड़ा।
तूफ़ान को गले लगा, हाथों को पसार कर,
हौसलों को आग दे, शक्ति का संचार कर।

मौत का संहार कर
या खुद को तु निसार कर,

आज शस्त्र नहीं रुकेंगे–
आर कर, या पार कर।

रौद्र रूप खिल चुका है,
तांडव को स्वीकार कर,
वीर तुझे अब बनना है–
अपने भीतर के कायर को मार कर।

मस्तक पर पसीने और ख़ून की
बूँदें आने दे,
अंधकार के बादलों को
और कितना अब छाने दे?

याद रख–
तू खुद ही पूरी सृष्टि है,
जो साथ नहीं उसे जाने दे
करना ख़ुद तुमको है
और ना बहाने दे

2. वेदना के बीज

मेरे पीछे मेरे लिए तू बुरा-बुरा बोले है,
और मेरे आगे शब्दों में तू गुड़ और मिश्री घोले है।

बिन मोल के व्यक्ति तू मेरा मोल क्या बोले है,
लड्डू-लड्डू कहकर खिलाता मुझको शोले है।

यादें-यादें कहकर तू मुझको क्यों खोले है,
मेरी यादें कुछ नहीं बस फटे हुए कुछ झोले है।

तेरे जैसे व्यक्ति समझे खुद को भोले है,
पर मेरी यादों की प्राचीर पर दाग रहा तू गोले है।

काले मन वाले व्यक्ति पहनते सफेद चोले है,
उसी तरह तेरा मन भी मेरे दुखों पर डोले है।

क्यों मेरे घावों पर प्रहार कर रहा तू होले है,
सुख-दुख की तराजू में मुझको क्यों तोले है।

मेरी यादों में कुछ नहीं बस दाल, रोटी और छोले है,
कभी गरमी, कभी बरसात, कभी पड़े कुछ ओले है।

कुछ बचपन की यादें, कुछ बच्चों के टोले हैं,
यादों के भार से पैरों में पड़े कितने फोले हैं।

पर यादों के गट्ठर अब तक पड़े नहीं पोले है,
कैसे बताऊँ उसको कि कितने दुख मैंने झेले है।

ज़िंदगी के मैदान में कितने खेल खेले है,
कितने मेरे ग़ुरु और कितने मेरे चेले है।

क्या हाथ लगा कभी सोना, या मिले सिर्फ ढेले है,
मेरी यादों की बगिया में ऐसे बहुत से ठेले है।

दो इंच की चादर पर कितने पाँव फैले है,
वेदना के बीज थे जो आज बन गई बेलें है।

उन बेलों के फलों से सजे दिल के ठेले है,
दिल के तार बँधे हैं ऐसे, जैसे बनी कुछ जेले है।

कभी चढ़ाता रब को तू प्रसाद, कभी चढ़ाता केले है,
पर आज के इस युग में हर करम के कपड़े मैले है।

3. टूटा पत्थर

जिसे समझा था हमने अपने
उन्होंने ही तोड़े हमारे सपने
जिसे देखकर हम जिया करते थे
उन्होंने ही पीठ पर खंजर दागा है
आज के इन सफेद चेहरों में
कौन हंस और कौन कागा है
आज इस जमाने में कोई नहीं बहना है
मैं न बचा कोई बात नहीं तुम्हें बचके रहना है
हे नवभारत के नवयुगल तुम डूब न जाना भूलों में
जो भारत सोने की चिड़िया था वो डूब गया है शुलों में
तू संसार की फिक्र न कर यह जग संसार सब झूठा है
जो दिखता है वो होता नहीं होता उससे अनूठा है
गैर तो गैर है हमें अपनों ने लूटा है
उस पत्थर को क्या जोड़ोगे जो कण-कण में टूटा है
इतने दिनों में हम मन ही मन में रोया करते थे,
अब यह धारा नहीं रुकेगी जब अश्रुकलश फूटा है।

मुँह पर मीठा बोलने वाले पीठ पर घात करते हैं,
सच्चे तो वो होते हैं जो हमारी गलत बात भी करते हैं।
इनसे अच्छे तो भिखारी हैं जो भीख के बदले दुआ देते हैं

इनको सब कुछ देने पर भी ये सीख के बदले कुआं देते हैं

डूब जाते हैं वो तैराक जो लहरों पर चलते हैं
ऐसी बातें सुनकर सबके मन तो मचलते हैं
मित्रों से जो सहयोग मिले वह चौखा है
पर याद रखना विश्वास ही धोखा है
बचने वाले तिनकों से भी बच जाते हैं
डूबने वाले टाइटैनिक में भी मर जाते हैं
बंदूकों से तो कुछ नहीं होता
करने वाले कलम से भी कुछ कर जाते हैं

4. मेला-ऐ-ग़म

दुनिया ने मुँह फेर के अकेला छोड़ दिया,
तन्हाई और ग़मों का मुझ पर मेला छोड़ दिया।
वो करते रहे कोशिश हमें भुलाने की,
हमने भी उनकी महफ़िलों का ठेला छोड़ दिया।

अनसुना कर दे शायद मेरी आवाज़ को,
एक तरफ़ कर दे शायद मेरे अल्फ़ाज़ को।
वो शायद मेरे चेहरे को भूल जाएँगे,
पर वो भूल न पाएँगे मेरे आफताब को।

जुदा कर दोगे मुझसे मेरे यार को,
भूल जाएँगे शायद यादों की बहार को।
तुम मिलना तो छोड़ दोगे मुझसे,
पर कैसे काट पाओगे अपने दिल के तार को।

चला दोगे तुम मुझ पर शमशीरों को,
मिटा दोगे तुम मेरी तस्वीरों को।
मेरी हर चीज़ को तुम तोड़ देना,
पर कैसे मिटा पाओगे मेरी तक़दीरों को।

ख़ुदा भी बंद कर दे शायद इन हवाओं को,
शायद रोक दे वो इन बहती फ़िज़ाओं को।
मेरी आवाज़ न सुने वो परवरदिगार शायद,
पर कैसे इनकार कर देगा वो मेरी माँ की दुआओं को।

शायद मेरी गली में कोई आहट न हो,
शायद दिल की ज़मीन पर कोई कड़कड़ाहट न हो।
पर ये क़तई नहीं हो सकता कि वो हमें देखें,
और उनके चेहरे पर मुस्कुराहट न हो।

5. अवसाद

शायद मैं इस दौर को समझने में असमर्थ हूँ,
अनुराग के अवसाद में डूबा हूँ और व्यर्थ हूँ।
समय के साथ चलने के लिए मजबूर हूँ,
दिल के खंडहर में बँधा एक मज़दूर हूँ।

कोने में चमकने वाली बिजली मुझे भ्रम में डाल देती है,
पर आशा की कोई कालीमा मुझे वहाँ से निकाल देती है।
मैं अपने आप को किसी जाल में बँधा हुआ पाता हूँ,
वह उतना ही चिपकता है जितना मैं उसे हटाता हूँ।

शायद प्रीत की ताक़त ने मुझे जकड़ रखा है,
मेरी यादों ने मेरी बाहों को पकड़ रखा है।
मैं इससे छूटने की कोशिश में हाथ-पैर हिलाता रहता हूँ,
रुक-रुककर बोलता हूँ और चिल्लाता रहता हूँ।

मेरा रोम-रोम इस एहसास के लिए बेचैन हो उठता है,
मेरा दिल उस लहर को छूने के लिए भीतर ही भीतर घुटता है।
शायद वही मेरी मंज़िल है या कोई कमी है,
पर मेरे हर पल के लिए लाज़मी है।

किसी कली की मादक गंध
मुझे मदहोश कर देती है,
पर यादों की गंध तो
मुझे बेहोश कर देती है।

स्मरण-सागर की कुछ बूँदें
मेरे गले में जम जाती हैं,
उस पल मेरी यादों की
नैया भी थम जाती है।

उन बूँदों को निगलने के लिए
मैं खुद को असहाय महसूस करता हूँ,
कुछ प्रयत्न करता हूँ
और कुछ आहें भरता हूँ।

शायद उन बूँदों का
मुझसे गहरा नाता है,
शायद कोई
मेरी बगिया में गीत गाता है।

शायद कोई याद
मुझे भुला नहीं सकती,
शायद कोई फ़रियाद
मुझे बुला नहीं सकती।

क्या हवाएँ मुझसे
कुछ कहना चाहती हैं?

क्या उनमें बसी गंध
मेरे साथ बहना चाहती है?

क्या यह कोई यथार्थ है
या कोई कल्पना,
क्या यह मेरी याद है
या कोई सपना?

6. माँ

ममता का छलकता सागर है माँ,
प्रेम से भरा हुआ गागर है माँ,
जिसके हर एक शब्द में करुणा का रस टपकता हो,
जिसके हर एक स्पर्श में प्रेम का रस बरसता हो,
जो बच्चे को लड़खड़ाते हुए भी सही चलना सिखाती है,
जो बच्चे को तुतलाते हुए भी बोलना सिखाती है,
जो बच्चे की प्रथम गुरु होती है,
जिससे सबकी दुनिया शुरू होती है,
जो सद्गुणों को कूट-कूटकर भरती है,
धैर्य ऐसा कि जैसे माँ नहीं, वह धरती है,
बच्चों को लोरी गाते-गाते सुलाती है,
भूख लगने से पहले खाना खिलाती है,
धूप लगने पर आँचल से छाँव देती है,
बरसात में हाथों से छाता बनाती है,
काँटे आए राह में तो गोद में उठा लेती है,
हम तक कष्टों का एहसास भी नहीं आने देती है,
घर की सारी जिम्मेदारी बखूबी निभाती है,
हमारे कपड़े अपने हाथों से धोकर सुखाती है,
सत्य और त्याग का पर्याय है माँ,
बिन बच्चे के असहाय है माँ,

बच्चे को दुनिया से मिलाती है माँ,
बच्चे को अपना दूध पिलाती है माँ,
हमेशा हमें प्यार से बुलाती है माँ,
रात भर जागकर हमें सुलाती है माँ,
हमारी हर एक पहेली को बुझाती है माँ,
हमारी हर एक समस्या सुलझाती है माँ,
माँ के हाथों की शक्ति ज़हर को अमृत बना देती है,
हम कितने भी रूठें, वह हमें मना लेती है,
ज़िंदगी के हर पहलू में माँ हमारा साथ देती है,
हम बूढ़े भी हो जाएँ, पर माँ हमारे सिर पर हाथ रखती है।

7. युवा

आसमान से ऊँची, उम्मीदों के शिखर पर खड़ा,
समुद्र की लहरों की मर्यादा से भी बड़ा,
अग्नि की लपटों के प्रकाश से ज़्यादा तेज़ से भरा,
हीरे की मजबूती को मात देकर हर कण से खरा,
लोहे की मांसपेशियाँ और फ़ौलाद के स्नायुओं से बना,
प्रचंड इच्छा-शक्ति और अडिग जैसे तना,
नस-नस में रुधिर का विद्युत-शक्ति जैसा जोश,
प्रबल साहस, अदम्य उत्साह, हर दुविधा में अटल होश,
अनंत शक्ति, व्यवहार में पुरुषार्थी और सिंह-सा हृदय,
असिमित धैर्य, नीति-परायण व मृत्यु से अजय,
धुन के पक्के, नैतिक चरित्र और प्रेमभावना से पूर्ण,
दृढ़ अंतःकरण, उच्चतम सत्य और आत्मिक बल संपूर्ण।
मस्तिष्क रचनात्मक, शाश्वत, बलप्रद और विचारों से ओतप्रोत,
परिश्रम, आत्मविश्वास, वीरता और सफलता का स्रोत,
पवित्रता, सात्विकता और ध्यान से सर्वशक्तिमान,
आशावादी प्रवृत्ति, कल्याणमय कल्पना व अभिव्यक्ति की खान,
बुद्धिमान, नव-निर्मित, विशाल पथ पर चलने के लिए बेचैन,
शुद्धचित्त, श्रद्धान्वित, प्रतापी व दयाशील नैन,
हर दुविधा के समुद्र में विवेक की नैया चलाता,
मरना मंज़ूर पर किसी और को अपने आदर्शों के बीच न लाता,

ऊर्जा का एक ऐसा पुंज जो समय को बदल सकता है,
जो तूफानों का सामना करे व मुश्किलों को हल कर सकता है,
गलत को सहन न करे, पाखंड के विरुद्ध खड़ा हो,
हर काम बिना स्वार्थ के करे, न्याय के लिए अड़ा होता है,
मृगमरीचिका का भ्रम नहीं व स्वयं जल जैसे बहता है,
कटता है पेड़ की तरह और उसी तरह बढ़ता है,
ऐसी अनंत शक्ति विद्यमान है व युवा है,
देश के लिए अनिवार्य और जीने के लिए हवा है,
हाथ से हाथ हथौड़ा है, साथ से साथ एकता है,
न गलत करता, न होने देता, न गलत देखता है।

8. ज्योति

हिन्दुस्तान में दीपावली दीप जलाकर मनाई जाती है,
घर-घर लड्डू, बेसन और मिठाइयाँ बनाई जाती हैं।
बच्चे नए कपड़े पहनकर पटाखे जलाते हैं,
बड़े बच्चों के लिए मिठाई और उपहार लाते हैं।
पर हिन्दुस्तान में आज भी कहीं घर की ज्योति बुझाई जाती है,
खिलने वाली होती है कली, उसे समय से पहले मुरझाई जाती है।
उस पौधे की क्या गलती होती है जिस पर कली खिलती है?
पर उस माँ को भी बिना अपराध के सज़ा मिलती है।
क्या बिगाड़ा है उस कली ने, जो अब तक दुनिया में आई न थी?
न किसी का बुरा चाहा, किसी के लिए ग़म लाई न थी।
आज कोई बेटी मेडल लाती है तो लोग उनके घर जाते हैं,
पर ऐसे कई मेडल तो जीते जी मर जाते हैं।
बताओ मुझे, बिन कली के पुष्प लगाओगे कैसे?
बिन ज्योति के दीप को जगमगाओगे कैसे?
चिराग से तो सिर्फ एक घर में रोशनी होती है,
पर दो घरों को जगमगाती है एक ज्योति।
किसी कली को खिलने से पहले, तो किसी को बाद में तोड़ दिया जाता है,
किसी को दुनिया में आने से पहले, तो किसी को बाद में मरोड़ दिया जाता है।

तुम दीपावली पर लक्ष्मी जी की पूजा करते हो,
और उन्हीं हाथों से किसी लक्ष्मी की आवाज़ दबाया करते हो।
लक्ष्मी-पूजा की बातें आज बेमानी लगती हैं,
नारी-समानता की बातें आज सिर्फ कहानी लगती हैं।
शुरुआत हमें ही करनी है,किसी और की तरफ ताकने की ज़रूरत नहीं है।
पहले खुद को तोलो,किसी और के गिरेबान में झाँकने की ज़रूरत नहीं है।
तुम कोशिश करके तो देखो, मंज़िल तुम्हारे कदम चूमेगी,
जो तुम पर थू-थू करते हैं, वही दुनिया तुम्हारे पीछे घूमेगी।
ज्योति तो खुद जलकर भी पूरे घर को रोशन करती है,
किसी सहारे की आवश्यकता नहीं,बवण्डरों से डरती है।
संकल्प यही है कि इस बार हर ज्योति की ख़ुशी से भरेंगे,
दीप का सम्मान तो करते हैं,अब ज्योति का सम्मान भी करेंगे।

9. घाटी

घांटी रंग चुकी है खून की होली से,
अब तो जवाब दे दो गोली का गोली से
देश भर चुका है आतंकवादियों और गद्दारों से,
अब तो सबक सिखा दो आग को अंगारों से
सियार भेड़ियों के नहीं हम सिंहों की औलाद हैं,
तुम सीने से लोहा हो तो हम जिगर से फौलाद हैं
तुम सोते हुए पर हमला करके यूँ इतराते हो,
ताल ठोककर युद्ध करने से फिर क्यों कतराते हो
कुछ नहीं हुआ है अब तक शांति वार्ता और मुलाकातों से,
इन्हें तो समझाना होगा गोली और मुक्का लातों से
हम कायर नहीं हैं, सीना ठोंककर वार करेंगे,
सांस रही तब तक लड़ेंगे, फिर जान निसार करेंगे
बहुत हुआ है अब रिश्ते निभाके, दावत खाके,
खूब देखा है हाथ मिलाके, झप्पी पाके,
अब जवाब देना होगा ईंट का पत्थर से और गोली का गोले से
सफेद फूल देकर देखे हैं, अब काम चलेगा शोले से
तुम गोलियों की आवाज के नीचे से आतंकवादी घुसाते हो,
कोई पूछे तो अनजानों जैसा मूँह बनाते हो
अब तो सीमा की सीमा हम तय करेंगे,
तुम दो कदम घुसोगे, हम चार कदम अजय करेंगे

यह मेरे बोल नहीं, शहीदों के चिताओं की आग
है, जिन्होंने खोए हैं शेर, उन माओं की राग है
अबकी बार हमला करने की सोची तो कर देंगे तुम्हें खाक,
जब तक जान है खदेड़ेंगे, फिर हो जाएँगे राख
अब मिट्टी का कर्ज चुकाने की हमारी बारी है,
हर बार की तरह जीतने की पूरी तैयारी है
जब तक शांत हैं, तब तक गांधी हैं हम,
लेकिन अगर दिमाग हिल गया तो आंधी हैं हम
हम आंधी बन गए तो तुम कुछ न कर पाओगे,
सब कुछ उड़ा ले जाएँगे और तुम देखते रह जाओगे

10. चांद सी वो लड़की

मर चुका है दिल पर हसरत क्यों नहीं मरती,
रोने को जी चाहता है पर ये आँखें क्यों नहीं भरती,
हर रोज पूछता हूँ तुमसे तुम कैसी हो,
पर ये तेरी तस्वीर बात क्यों नहीं करती,

सब भूल जाता हूँ एक तुम याद रहती हो,
हर वक्त मुझसे कुछ न कुछ कहती हो,
आईने में मेरा चेहरा दिखता ही नहीं,
लगता है उस तरफ भी तुम ही रहती हो,

कौन इंसान है जिसे गिला ही न हो,
जिसने कभी फटे को सिला ही न हो,
मुरझा गया हूँ तेरे बिना ऐसा,
जैसे पौधे को पानी मिला ही न हो,

बैठे बैठे खो जाता हूँ,
हँसते हँसते रो जाता हूँ,
तेरी याद कुछ इस तरह तड़पाती है कि
सोते हुए जागता हूँ और जागते हुए सो जाता हूँ,

न भूख रहती है, न प्यास रहती है,
ज़िंदगी आजकल उदास रहती है,
वो चाँद सी लड़की दूर तो है मुझसे,
पर उसकी एक तस्वीर हमारे पास रहती है,

गुलाब लेने उसके लिए शहर जाते हैं,
मेरे होठों पर सिर्फ वो, ना कोई गैर बातें हैं,
हम जो झुके नहीं कभी किसी के आगे,
आजकल शाम को उसके पैर दबाते हैं।

11. अभी भी वक्त बाकी हैं

कहने को बहुत कुछ है, मैं कहूँ क्या?
दर्द-सा उठाए सीने में, मैं सहूँ क्या?
गिर चुका हूँ अंधेरों में यहाँ, अब रहूँ क्या?
आँसू गिरकर बाढ़ बन गए हैं, मैं बहूँ क्या?

इश्क़-मोहब्बत धोखा है, कहाँ भटक रहे हो?
जली हुई रस्सी से क्यों लटक रहे हो?
खुद को बुझाकर क्यों राख कर रहे हो?
क्यों खुद को घिसाकर झाग कर रहे हो?

जिसने तुम्हें पाला-पोसा, उसे क्यों भूल रहे हो?
अपने स्वार्थी प्रेम के लिए क्यों फाँसी पर झूल रहे हो?
मोह-माया में क्यों जवानी बरबाद कर रहे हो?
जो तुम्हें भूल चुका है, उसे क्यों याद कर रहे हो?

वो बहरा है, सुन नहीं सकता – क्यों फ़रियाद कर रहे हो?
मन को थोड़ा बस में रखो, क्यों आज़ाद कर रहे हो?
कुछ नहीं हुआ है अब तक, थोड़ी साँस लो और सोचो,
सही-सलामत है शरीर, न आई है कोई मोच।

अपने अंदर के कीड़े को मार दो तुम,
और अपनी सारी ज़िंदगी सँवार दो तुम।
कुछ करो उनके लिए, जिनका तुम पर कर्ज़ है,
और पूरा करो वो सब कुछ, जो तुम्हारा फ़र्ज़ है।

जल-जलकर लोहा बन ही चुके हो तो हथौड़ा मार दो,
सीधा परिवर्तन न हो तो बस थोड़ा वार दो।
बदल सकते हो तुम अभी,वक़्त बाकी है
नहीं तो वही मैख़ाना और वही साक़ी है।

फ़र्क नहीं पड़ता मुझे, तुम कुछ भी करो,
चाहो तो जियो, चाहो तो मरो,
पर थोड़ा अपने माँ-बाप का सोचो,
कहाँ जा रहे हो – थोड़ा शर्म करो।

12. कब आएगा

दिन बुरा है ढल जाएगा,
ये वक़्त भी बदल जाएगा।
सौ बार गिरकर उठा है तू,
रख हौसला संभल जाएगा।

आज नहीं तो कल आएगा,
तेरी मेहनत का फल आएगा।
तिनका-तिनका सरक तो सही,
तेरा मुकाम खुद चल आएगा।

मेहनत कर दबाकर तू,
सूखे में भी जल आएगा।
सींचता रह तू सूखे पौधे को
एक दिन उस पर भी फल आएगा

सरकारें आएँगी जाएँगी,
नेता हारेगा, जीतेगा।
उसकी आँखों में ख़्वाब है अभी तक
कि मेरे घर भी नल आएगा।

ऐसा एक पल आएगा,
भारत का नया कल आएगा।
हाथ में कमल आएगा,
तभी दौर सफल आएगा।

किस दिन हमें अकल आएगा
कब वापस वो अटल आएगा?
कब शांति की नकल आएगी...
कब युवा तेरा दख़ल आयेगा

13. धडकनों की डोर

हवाओं में फैली गंध तुझे याद दिलाएगी,
जब भी मेरी सांसें तुझे आवाज लगाएगी।
चाहूंगा तुझे इतनी शिद्दत से एक रोज़,
कि पूरी कायनात तुझे मुझसे मिलाएगी।

मेरी धड़कनों की धकधक तुझे सोने नहीं देगी,
तेरे अरमानों की उलझन तुझे रोने नहीं देगी।
तू चाहेगी कि भूल जाऊं उस शख्स को,
पर तेरे दिल की ये डोर ऐसा होने नहीं देगी।

अकेले बैठकर सोचोगी तो सह नहीं पाओगी,
कहने की कोशिश करोगी पर कह नहीं पाओगी।
मुझसे दूर रहने की कोशिश करनी है तो कर लो,
पर मुझसे ज़्यादा दिन दूर रह नहीं पाओगी।

किसी और को चुनना चाहो पर चुन भी नहीं पाओगी,
कुछ सपनों को बुनना चाहती हो पर तुम बुन भी नहीं पाओगी।
हमेशा तुम सबकी बातें सुनती थी,
पर अब कोशिश करके भी सुन भी नहीं पाओगी।

फूलों को हाथों में लेकर तोड़ा करोगी,
कागज़ों को फाड़कर तुम मोड़ा करोगी।
तुम कितना भी काबू कर लो ख़ुद पर,
लेकिन अपने दिल को मेरे पास छोड़ा करोगी।

14. अंदर का मुसाफ़िर

मैं राह-राह पर चलता हूँ,
मैं धीरे-धीरे बढ़ता हूँ।
ज़िंदगी के इस जंगल में,
मैं फूल की तरह खिलता हूँ।

कटु वचनों से उबलता हूँ,
अंदर ही अंदर जलता हूँ।
पर यारों की महफ़िल में,
सबसे हँस के मिलता हूँ।

पक्षियों की तरह उड़ता हूँ,
यादों से फिर जुड़ता हूँ।
पर दुनिया की परवाह करके,
फिर ज़मीन की तरफ मुड़ता हूँ।

बादलों की तरह घिरता हूँ,
कभी उठता हूँ तो कभी गिरता हूँ।
पर सबके मन की बगिया में,
मैं भँवरो की तरह फिरता हूँ।

लिखने का काम करता हूँ,
विचारों से पेट भरता हूँ।
पर अपने ही बीते कल की
यादों से बड़ा डरता हूँ।

15. गुमनाम इंसान

मेरे साथ मत चला करो,
हर गली में बदनाम हूँ मैं।
मुझको क्या समझेगी तू,
खुद से ही अनजान हूँ मैं।

नाम न पूछा करो तुम मेरा,
एक मिटी हुई पहचान हूँ मैं।
दुनिया से लड़ते-लड़ते,
जो खुद से हारा वो इंसान हूँ मैं।

जानता हूँ सब चेहरों को,
सब रिश्ते मैंने देखे हैं।
अपने ही पासे अपने खिलाफ,
कई बार मैंने फेंके हैं।

जो जंगल जितना हरा-भरा है,
उसमें उतना ही नुकसान है।
बाहर से जितना हँसता हूँ,
अंदर से उतना ही सुनसान हूँ मैं।

साथ मुझे भी चलना है तेरे,
प्यार तुझे ही तो करता हूँ मैं।
सब की तरह खो न दूँ तुझे,
बस इसी बात से डरता हूँ मैं।

हाथ पकड़कर चल दूँ तेरा,
भरे बाजार हर दुकान में।
पर तू बदनाम न हो जाए,
बस इसी बात से परेशान हूँ मैं।

लोग समझें जो समझने दो,
कुछ गलत कभी किया नहीं।
पीठ पर चोट खाई है कई बार,
धोखा किसी को दिया नहीं।

हाँ, बुरा हूँ मैं—
बुराई मुझमें ही झलकती है।
पर अच्छाई भी बाकी है,
बस खुद में ही गुमनाम हूँ मैं।

16. ये हकीकत है या छलावा हैं

ये हकीकत है या छलावा है,
कि ये जहाँ खुदा ने बनाया है।

किसी को हँसी, किसी को उदासी,
किसी को ग़म मिलता है।
कोई पेट भर के सोता है,
किसी को कम मिलता है।

ये रिश्ते-नाते, बंधन-माया,
यहीं रह जाने वाला साया है।
तू जितना भी ढूँढे सच को,
तुझे भ्रम ही मिलता आया है।

अभी दुखी हो ताकि बाद में खुश रहो,

और उससे पहले ही आता बुलावा है।
ये हकीकत है या छलावा है,
कि ये जहाँ खुदा ने बनाया है।

सुबह उठकर जीने का जुनून नहीं मिलता,
काम तो सब करते हैं पर सुकून नहीं मिलता।
मेरा-तेरा, तेरा-मेरा,
इसी में हर कोई डूब जाता है।
रंग सबका लाल है आखिर,
अलग रंग का खून नहीं मिलता।

जात-पात, काला-गोरा,
सब बस एक दिखावा है।
ये हकीकत है या छलावा है,
कि ये जहाँ खुदा ने बनाया है।

इस माया का, काया का
अभिमान क्यों करना है?
मिट्टी से बना है इंसान,
मिट्टी में ही मिलना है।

तेरे रोके न रोके ये वक्त

यूँ ही आगे चलना है।
सबसे बच लेगा तू शायद,
पर तुझे तेरी आग से ही जलना है।

तेरा तू ही नहीं यहाँ,
ये सब बस माया है।
ये हकीकत है या छलावा है,
कि ये जहाँ खुदा ने बनाया है।

17. हमें समझ नहीं आती

उनकी ख्वाहिश हमें समझ नहीं आती,
उनकी साजिश हमें समझ नहीं आती।
वो कहती रही, चले जाओ दूर मुझसे,
पर उनकी आँखों की बारिश हमें समझ नहीं आती।

उनकी आदत हमें समझ नहीं आती,
उनकी इबादत हमें समझ नहीं आती।
हम पास थे, तो भी खुश नहीं थी वो,
उनकी चाहत हमें समझ नहीं आती।

उनकी यादें हमें समझ नहीं आती,
तन्हा रातें हमें समझ नहीं आती।
वो हमेशा कुछ न कुछ कहती रहती थी,
पर उनकी वो बातें हमें समझ नहीं आती।

उनकी सजाएं हमें समझ नहीं आती,
गुस्से से भरी निगाहें हमें समझ नहीं आती।
वो हमेशा मुँह बनाती रहती थी,
पर उनकी अदाएं हमें समझ नहीं आती

18. डर का पेड़

कुछ है
बताऊ क्या तुम्हें
कैसे बताऊ
तुम समझोगे
शायद
पर शायद समझा ही ना पाऊ
बता भी ना पाऊ
जता भी ना पाऊ
है कुछ अंदर जो दबा है है कहीं
निकलना नहीं चाहिए
वो बीज है शायद
उगा तो बढ़ेगा तेजी से
शायद जड़े इतनी गहराई में उतरेगी उसकी
पत्ते खिलेंगे
फूल लगेंगे
हमे अच्छा लगेगा
फल भी लगेंगे
पर वो पेड़ उखाड़ा जाएगा
और जब उखाड़ा जाएगा तो
मिट्टी भी साथ निकलगी

और वहाँ रह जाएगा
एक गड्ढा
जिसे भर ना पाएंगे
शायद कभी
वक्त के साथ रेत उड़ कर गिरेगी उसमे
पर पूरा नहीं भरेगा
शायद कभी नहीं
इसलिए नहीं चाहता वो बीज बोना
जिसपर पर फल लग सकते है
डरना लाज़िम है शायद
तुम समझोगी जज़्बात
एक बार
हर बार बस तुम
सिर्फ़ तुम

19. बंजर होती जमीन

कुछ है
जिसको बताना है तुम्हें।
मेरे अंदर,
गहराइयों में,
किसी बड़े पत्थर तले
दबा है कोई
अंकुरित बीज की तरह
निकल रहा।
उस पत्थर में दरार होने लगी है।
क्या वो बीज उगेगा?
क्या वो पत्थर टूटेगा?
पत्थर को तोड़कर
एक एहसास निकलेगा,
या वो दब जाएगा
पत्थर के भार तले,
और घुट जाएगी उसकी साँस,
मजबूर हो जाएगा
मरने के लिए?
हो सकता है मर जाए अभी,
जड़ें बैठी नहीं हैं गहराई में।

दबाया जा सकता है उसे।
जो अगर बैठ गया अंदर,
तो उतरेगी पाताल तक,
खींचेगी वो काला पानी
जो जम चुका है वर्षों से
उस मिट्टी के भीतर,
जो पहले बनी थी बीज बोने के लिए,
परंतु अब वो बंजर हो चुकी है।
उस वक्त बोया भी था वो बीज,
निकले थे अंकुर,
फूटे थे पर्ण।
धरती चीर के निकला
एक प्यारा सा पौधा,
खुला था आसमान बढ़ने को।
हवाएँ चलती थीं
तो हिलता था,
मुस्कुराता था
और जीने लगा था।
फिर एक रोज
एक पत्थर,
जो किसी और के हिस्से का था,
उसे उठा लाया अपने खेत
और रखा उस ज़मीन पर
जहाँ पौधे उगने थे।
पत्थर भारी था,
इतना भारी
कि जहाँ से लाया गया था

वहाँ पौधे नहीं उगते।
अब वो ज़मीन धँसने लगी थी,
तभी उसे यहाँ लाना पड़ा,
अपने पौधे को दबाना पड़ा,
और उसको बचाना पड़ा
उस बोझ तले।
अब नहीं उगते हैं बीज,
अब धरती सूनी होने लगी है।
अब चिड़िया वहाँ नहीं आती,
ना आती है तितली।
बस वो रह गया है सूना,
और कुछ ना बचा।

20. आस का दाना

अब दिल में आना-जाना रहता है,
ये प्यार भी सयाना रहता है।
पता है उसे किस नब्ज़ में दर्द है,
वहीं पर उसका निशाना रहता है।

भूख न हो पर खाना रहता है,
कुछ फर्ज़ निभाना रहता है।
बस तेरा ही हूँ, पता है तुझे,
फिर हर रोज़ क्यों बताना रहता है।

हर शाम चिराग़ जलाना रहता है,
उस कमरे में अब वीराना रहता है।
बस्ती जल गई, मकाँ उजड़ गए,
फिर भी गली में दीवाना रहता है।

उम्मीद में हर फसाना रहता है,
बेचैन हर घराना रहता है।
किसी दिन आके मदहोश करोगी तुम,
इसी सबर में ये पैमाना रहता है।

पिंजरे में हैं हम,खुले में खजाना रहता है।

तिनकों को पेड़ों पर सजाना रहता है।

एक दिन लौटेगी वो गौरैया मेरे आँगन,

इसी आस में छत पर दाना रहता है।

21. अधूरापन

वो चाँद-सी रोशन,

अँधेरे में उम्मीद की किरण,

जो दिखाती है मुझे रास्ता

खुद तक पहुँचने का।

वो सिखाती है मुझे

अच्छे तौर-तरीके,

ताकि बन सकूँ मैं बेहतर।

पर शायद रुका हूँ मैं...

डर है मुझे–

अगर सच में बन गया बेहतर,

जो वो चाहती है,

तो क्या बचेगा फिर?

वो साथ है क्योंकि

सुधार सके मुझे।

अगर सच में सुधर गया,

तो वो क्यों होगी साथ?

जब पूरा हो चुका होगा

उसका लक्ष्य–

जिसे पाना था इतने दिनों से,

जिसके लिए कोशिश की थी उसने

पूरा दम लगाकर।

और अगर वो कोशिश

रंग ला गई,

तो उसका काम

पूरा हो जाएगा।

इसलिए रहना चाहता हूँ अधूरा,

ताकि वो

इस अधूरेपन को संवार सके—

एक स्त्री
की तरह

जो वो है।

और डूब जाए

अपने स्त्रित्व में

हमेशा के लिए।

www.ingramcontent.com/pod-product-compliance
Lightning Source LLC
Chambersburg PA
CBHW070648240926
51846CB00003BA/825
9789375430896